yukismart.com/b/60e8d6

appel

manzana

banaan

plátano

peer

pera

kers

cereza

limoen

lima

citroen

limón

kweepeer

membrillo

kiwi

kiwi

druiven

uvas

watermeloen

sandía

sinaasappel

naranja

clementine

clementina

aardbei

fresa

framboos

frambuesa

veenbes

arándano

bosbes

arándano

bes

grosella

braambes

mora

sap

zumo

jam

mermelada

geroosterd brood

tostada

grapefruit

pomelo

meloen

melón

pompelmoes

pomelo

kumquat

naranja china

mirabel pruim

ciruela mirabel

perzik

melocotón

abrikoos

albaricoque

pruim

ciruela

ananas

piña

granaatappel

granada

olijf

aceituna

vijg

higo

dadel

dátil

avocado

aguacate

lychee

lichi

kaki

caqui

stervrucht

carambola

mango

mango

ramboetan

rambután

longan

longuián

langsat

lanzón

mangosteen

mangostino

jackfruit

yaca

sapodilla

zapote

guave

guayaba

jujube

jujube

durian

durián

zuurzak

guanábana

papaja

papaya

drakenfruit

fruta del dragón

kokosnoot

coco

cacao

cacao

chocolade

chocolate

aardappel

patata

maïs

maíz

yam

ñame

pompoen

calabaza

flespompoen

calabaza

cassave

mandioca

wortel

zanahoria

tomaat

tomate

paddenstoel

seta

broccoli

brócoli

asperge

espárragos

artisjok

alcachofa

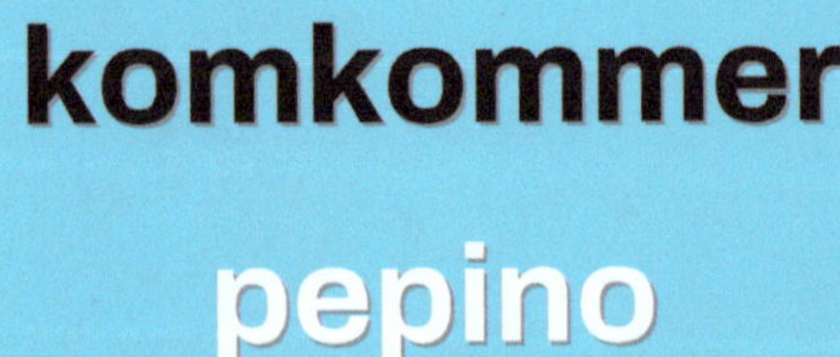

komkommer

pepino

spinazie

espinacas

bloemkool

coliflor

courgette

calabacín

sla

lechuga

kool

repollo

aubergine

berenjena

raap

nabo

radijs

rábano

biet

remolacha

rabarber

ruibarbo

spruitje

coles de Bruselas

prei

puerro

munt

menta

knolselderij

apio nabo

andijvie

endivia

selderij

apio

erwten

guisantes

kikkererwten

garbanzos

groenen bonen

judía verde

rode boon

frijol rojo

mungo boon

frijol mungo

venkel

hinojo

pastinaak

chirivía

paprika

pimiento

chili peper

chile

peper

pimienta

ui

cebolla

knoflook

ajo

gember

jengibre

macadamia

nueces de macadamia

pecannoten

nueces de pecán

cashewnoot

anacardo

hazelnoten

avellanas

amandel

almendra

pistache

pistacho

pinda

cacahuete

kastanje

castaña

walnoten

nueces